En la escuela de los Salmos
Aprendiendo los múltiples elementos de la adoración cristiana

At Psalms School
Learning the Multiple Elements of Christian Worship

escrito por
written by
John D. Witvliet and María Eugenia Cornou

ilustrado por
illustrated by
Joel Schoon-Tanis

GIA PUBLICATIONS, INC.

Names: Witvliet, John D., author. | Cornou, María Eugenia, 1969– author. |
 Tanis, Joel E., illustrator. | Witvliet, John D. At Psalms school. |
 Witvliet, John D. At Psalms school. Spanish
Title: En la escuela de los Salmos : aprendiendo los múltiples elementos de
 la adoración cristiana / escrito por John D. Witvliet and María Eugenia
 Cornou ; ilustrado por Joel Schoon-Tanis = At Psalms school : learning the
 multiple elements of Christian worship / written by John D. Witvliet and
 María Eugenia Cornou ; illustrated by Joel Schoon-Tanis.
Other titles: At Psalms school
Description: Chicago, Illinois : GIA Publications, Inc., [2019] | English and
 Spanish.
Identifiers: LCCN 2018045289 | ISBN 9781937555276 (pbk.)
Subjects: LCSH: Bible. Psalms—Devotional use—Juvenile literature. |
 Christian children—Prayers and devotions—Juvenile literature.
Classification: LCC BS1430.4 .W58 2019 | DDC 223/.20561—dc23
LC record available at https://lccn.loc.gov/2018045289

The original paintings by Joel Schoon-Tanis are acrylic on canvas.
The text is set in Myriad Pro.
The book is designed by Elizabeth Steele Halstead.
This book was printed in December 2018 by RR Donnelley in Shenzhen, China.

Salmos es un libro de oraciones que se encuentra en la mitad de la Biblia. Contiene 150 oraciones y cada una es diferente de las otras. Leer los Salmos es como ir a la escuela. Ellos **nos enseñan a escuchar y a hablar con Dios** cuando le adoramos en la iglesia y en la vida diaria. ¿Qué aprendemos en la escuela de los Salmos? ¡Leamos y descubrámoslo!

Psalms is a prayer book that we find in the middle of the Bible. There are 150 of these prayers, and all of them are different. Reading Psalms is kind of like going to school. They **teach us how to listen to and talk with God** in worship, at church, and every day. What do we learn at Psalms School? Let's read and find out!

Los Salmos nos enseñan a

prepararnos para escuchar y hablar con Dios.

Salmo 34:11   Vengan, hijos míos.

Salmo 46:10   ¡Quédense quietos y sepan que yo soy Dios!

Salmo 61:4   Permíteme vivir para siempre en tu santuario, ¡a salvo bajo el refugio de tus alas!

My children, come.   Psalm 34:11

Be still, and know that I am God.   Psalm 46:10

I long to live in your holy tent forever. There I find safety in the shadow of your wings.   Psalm 61:4

Los Salmos nos enseñan a
oír la invitación de Dios a escucharle y a hablarle.

Salmo 50:7   Oh pueblo mío, escucha cuando te hablo.

Salmo 78:1   Oh pueblo mío, escucha mis enseñanzas; abre tus oídos a lo que digo.

Salmo 95:7   Somos el pueblo que Dios vigila, el rebaño a su cuidado. . . . ¡Si tan solo escucharan hoy su voz!

Psalms teach us to
hear God's invitation to listen to and talk with God.

God says, "Listen, my people, and I will speak." Psalm 50:7

My people, listen to my teaching. Pay attention to what I say. Psalm 78:1

We are the sheep belonging to God's flock. . . . If only you would listen to God's voice today. Psalm 95:7

Los Salmos nos enseñan a
cantar alabanzas a Dios.

Salmo 134:2	Levanten sus manos hacia el santuario, y alaben al Señor.
Salmo 8:1	Oh Señor, Señor nuestro, ¡tu majestuoso nombre llena la tierra!
Salmo 100:1	¡Aclamen con alegría al Señor, habitantes de toda la tierra!

Lift up your hands in the temple and praise the LORD.   Psalm 134:2

LORD, our Lord, how majestic is your name in the whole earth!   Psalm 8:1

Shout for joy to the LORD, everyone on earth.   Psalm 100:1

Los Salmos nos enseñan a
recordar las cosas buenas que Dios ha hecho.

Salmo 105:5	Recuerden las maravillas y los milagros que Dios ha realizado.
Salmo 81:10	Pues fui yo, el Señor tu Dios, quien te rescató de la tierra de Egipto.
Salmo 78:14	Durante el día Dios los guiaba con una nube.

Remember the wonderful things God has done.   **Psalm 105:5**

I am the LORD your God. I brought you up out of Egypt.   **Psalm 81:10**

God guided them with the cloud during the day.   **Psalm 78:14**

Los Salmos nos enseñan a
decir: «Perdóname, Señor».

Salmo 51:2	Lávame de la culpa hasta que quede limpio y purifícame de mis pecados.
Salmo 25:11	Por el honor de tu nombre, oh Señor, perdona mis pecados, que son muchos.
Salmo 79:9	Sálvanos y perdona nuestros pecados por la honra de tu nombre.

Psalms teach us to
say, "Forgive me, Lord."

Wash away all the evil things I've done. Make me pure from my sin.   Psalm 51:2

LORD, be true to your name. Forgive my sin, even though it is great.   Psalm 25:11

Save us and forgive our sins. Then people will honor your name.   Psalm 79:9

Los Salmos nos enseñan a
clamar: «Señor, ¿por qué suceden estas cosas malas?»

Salmo 22:1   ¿Por qué estás tan lejos cuando gimo por ayuda?

Salmo 13:2   ¿Hasta cuándo tendré que luchar con angustia en mi alma?

Salmo 35:17   ¿Hasta cuándo, oh Señor, te quedarás observando sin actuar? . . . ¡Protege mi vida de estos leones!

Why do you seem so far away when I need you to save me?   Psalm 22:1

How long must my heart be sad day after day?   Psalm 13:2

Lord, how much longer will you just look on? . . . Save me from these lions.   Psalm 35:17

Salmo 78:38   Sin embargo, Dios tuvo misericordia y perdonó sus pecados.

Salmo 103:3   Dios perdona todos mis pecados y sana todas mis enfermedades.

Salmo 145:8   El Señor es misericordioso y compasivo, lento para enojarse y lleno de amor inagotable.

believe God's promise: "I forgive you, and I love you."

God was full of tender love. God forgave their sins.   **Psalm 78:38**

God forgives all my sins. God heals all my sicknesses.   **Psalm 103:3**

The LORD is gracious, kind and tender. The LORD is slow to get angry and full of love.   **Psalm 145:8**

Los Salmos nos enseñan a
decir: «Gracias, Señor».

Salmo 106:1   ¡Den gracias al Señor, porque él es bueno! Su fiel amor perdura para siempre.

Salmo 136:25–26   Dios provee alimento a todo ser viviente. . . . Den gracias al Dios del cielo.

Salmo 105:1   Den gracias al Señor y proclamen su grandeza.

Give thanks to the LORD, because God is good. God's faithful love continues forever.   Psalm 106:1

God gives food to every creature. . . . Give thanks to the God of heaven.   Psalm 136:25–26

Give praise to the LORD and announce who God is.   Psalm 105:1

Los Salmos nos enseñan a
escuchar la palabra de Dios.

Salmo 85:8	Presto mucha atención a lo que dice Dios el Señor.
Salmo 119:103	¡Qué dulces son a mi paladar tus palabras!
Salmo 1:2–3	Se deleitan en la ley del Señor. . . . Son como árboles plantados a la orilla de un río.

I will listen to what God the LORD says. Psalm 85:8

Your words are very sweet to my taste! Psalm 119:103

Their delight is in the law of the LORD. . . . They are like trees planted by streams of water. Psalm 1:2–3

Los Salmos nos enseñan a
decir: «Dios, te amamos. Confiamos en ti».

Salmo 13:5   Pero yo confío en tu amor inagotable.

Salmo 23:1   El Señor es mi pastor; tengo todo lo que necesito.

Salmo 3:5   Me acosté y dormí, pero me desperté a salvo, porque el Señor me cuidaba.

Psalms teach us to
say, "God, we love you. We trust you."

I trust in your faithful love. — Psalm 13:5

The Lord is my shepherd. God gives me everything I need. — Psalm 23:1

I lie down and sleep. I wake up again, because the Lord takes care of me. — Psalm 3:5

Salmo 30:10   Escúchame, Señor, y ten misericordia de mí; ayúdame, oh Señor.

Salmo 22:19   ¡Oh Señor, no te quedes lejos! Tú eres mi fuerza, ¡ven pronto en mi auxilio!

Salmo 71:3   Sé tú mi roca de seguridad, donde siempre pueda esconderme.

Lord, hear me. Have mercy on me. Lord, help me. Psalm 30:10

Lord, don't be so far away from me. You give me strength. Come quickly to help me. Psalm 22:19

Be my rock of safety that I can always go to. Psalm 71:3

Los Salmos nos enseñan a
presentar nuestras ofrendas a Dios.

Salmo 116:12   ¿Qué puedo ofrecerle al Señor por todo lo que ha hecho a mi favor?

Salmo 50:14   ¡Yo soy el Dios altísimo! ¡Mejor tráeme ofrendas de gratitud y cúmpleme tus promesas!

Salmo 96:8   ¡Den al Señor la gloria que merece! Lleven ofrendas.

The Lord has been so good to me! How can I ever pay God back?   Psalm 116:12

Bring me thank offerings, because I am your God.   Psalm 50:14

Praise the Lord for the glory that belongs to God. Bring an offering.   Psalm 96:8

Los Salmos nos enseñan a

probar y ver que Dios es bueno.

Salmo 34:8   Prueben y vean que el SEÑOR es bueno.

Salmo 78:24   Dios hizo que lloviera maná para que comieran; les dio pan del cielo.

Salmo 16:5   SEÑOR, solo tú eres mi herencia, mi copa de bendición.

Taste and see that the LORD is good.   Psalm 34:8

God rained down manna for the people to eat. God gave them the grain of heaven.   Psalm 78:24

The LORD is my chosen portion and my cup.   Psalm 16:5

Los Salmos nos enseñan a
elegir el camino de Dios.

Salmo 119:105   Tu palabra es una lámpara que guía mis pies.

Salmo 18:30   El camino de Dios es perfecto.

Salmo 19:8   Los mandatos del Señor son claros; dan buena percepción para vivir.

Your word is like a lamp that shows me the way.   Psalm 119:105

God's way is perfect.   Psalm 18:30

The commands of the Lord shine brightly. They give light to our minds.   Psalm 19:8

Los Salmos nos enseñan a
recibir la bendición de Dios.

Salmo 29:11	El Señor le da fuerza a su pueblo; el Señor lo bendice con paz.
Salmo 67:6–7	Dios, nuestro Dios, nos bendecirá en abundancia. Así es, Dios nos bendecirá.
Salmo 129:8	El Señor los bendiga; los bendecimos en el nombre del Señor.

The LORD gives strength to the people. The LORD blesses the people with peace. Psalm 29:11

God, our God, blesses us. May God continue to bless us. Psalm 67:6–7

May the blessing of the LORD be on you. We bless you in the name of the LORD. Psalm 129:8

Queridos amigos y amigas . . . crezcan en la gracia y el conocimiento de nuestro Señor y Salvador Jesucristo.

2 Pedro 3:17–18

Dear friends . . . grow in the grace and knowledge of our Lord and Savior Jesus Christ.

2 Peter 3:17–18

Indicaciones para los adultos
Note to adults

Proponga a los niños que busquen los gestos en las imágenes de este libro. Practiquen los ademanes mientras leen cada salmo. Al asistir al culto o reunión de la iglesia, seguramente escucharán algunas de estas frases o verán algunos de estos gestos. Aliente a los niños a prestarles atención.

Invite children to look for the gestures in the pictures of this book. Practice the gestures as you read each psalm. When you go to church and worship you might hear these phrases or see these gestures. Encourage children to listen carefully for them.

Los múltiples elementos de la adoración cristiana
The multiple elements of Christian worship

Gestos en las imágenes / Gestures in pictures	Los Salmos nos enseñan a . . . / Psalms teach us to . . .	Otras frases habituales que puedes escuchar en diferentes iglesias. / Other common phrases you may hear in different churches.	
	prepararnos para escuchar y hablar con Dios. / get ready to listen to and talk with God.	vengan / come	encuentro / gathering
	oír la invitación de Dios a escucharle y a hablarle. / hear God's invitation to listen to and talk with God.	llamado a la adoración / call to worship	
	cantar alabanzas a Dios. / sing praise to God.	adoración / adoration	alabanza / praise
	recordar las cosas buenas que Dios ha hecho. / remember good things God has done.	credos / creeds	lectura bíblica / scripture reading
	decir: «Perdóname, Señor». / say, "Forgive me, Lord."	confesión / confession	arrepentimiento / repentance
	clamar: «Señor, ¿por qué suceden estas cosas malas?» / cry, "Why, Lord, do these bad things happen?"	lamento / lament	

Gestos en las imágenes / Gestures in pictures	Los Salmos nos enseñan a . . . / Psalms teach us to . . .	Otras frases habituales que puedes escuchar en diferentes iglesias. / Other common phrases you may hear in different churches.	
	creer la promesa de Dios: «Te perdono y te amo». believe God's promise: "I forgive you, and I love you."	seguridad assurance	gracia grace
	decir: «Gracias, Señor». say, "Thank you, Lord."	gratitud gratitude	acción de gracias thanksgiving
	escuchar la palabra de Dios. listen to God's word.	sermón sermon	homilía o mensaje homily or message
	decir: «Dios, te amamos. Confiamos en ti». say, "God, we love you. We trust you."	respuesta a la palabra respond to the word	
	pedir la ayuda de Dios. ask for God's help.	intercesión intercession	oración prayer
	presentar nuestras ofrendas a Dios. offer our gifts to God.	ofrenda offering	diezmos tithes
	probar y ver que Dios es bueno. taste and see that God is good.	Cena del Señor Lord's Supper	Eucaristía Eucharist
	elegir el camino de Dios. choose God's path.	consagración dedication	ofrenda de nuestras vidas offer our lives
	recibir la bendición de Dios. receive God's blessing.	bendición y envío blessing and sending	

John D. Witvliet

John es el director de Calvin Institute of Christian Worship y profesor en las áreas de estudios congregacionales y ministeriales, música y adoración en Calvin College y Calvin Theological Seminary. Es autor de numerosa cantidad de libros, incluyendo *Psalms for All Seasons: A Complete Psalter for Worship.*

John is the director of the Calvin Institute of Christian Worship and a professor of congregational and ministry studies, music, and worship at Calvin College and Calvin Theological Seminary. He has worked on lots of books, including *Psalms for All Seasons: A Complete Psalter for Worship.*

María Eugenia Cornou

María es gerente de programas internacionales y aprendizaje intercultural en Calvin Institute of Christian Worship. Nacida en Buenos Aires, Argentina, su libro bilingüe más reciente es *En la mesa de Dios/At God's Table.*

María is the program manager for international and intercultural learning at the Calvin Institute of Christian Worship. She is originally from Buenos Aires, Argentina. Her most recent bilingual book is *En la mesa de Dios/At God's Table.*

Joel Schoon-Tanis

Joel ha ilustrado varios libros (recientemente, *40: the Biblical story*), y ha pintado murales en diferentes lugares del mundo (incluyendo Kenia, Zambia y el Muro de Separación en Palestina). A lo largo de su carrera Joel ha creado muchísimas pinturas.

Joel has illustrated several books (recently *40: the Biblical story*), painted murals around the world (including Kenya, Zambia, and the Separation Wall in Palestine), and painted nearly a gazillion paintings in his career.

Si desea obtener más recursos relacionados con este libro, incluyendo guías de estudio y música (con algunas muestras gratis de música) visite *worship.calvin.edu* or *www.giamusic.org*.

For more resources related to this book, including study guides and music (with some free music samples) visit *worship.calvin.edu* or *www.giamusic.org*.